AF325416

La République numérique

Éric Besson

La République numérique

BERNARD GRASSET

PARIS

ISBN 978-2-246-74801-4

Tous mes remerciements vont à Laurent Ladouari et Mathilde Arnavon dont les compétences et la passion pour le numérique m'ont été précieuses.

INTERNET est un outil républicain. Internet est progressiste. Internet est déjà un vecteur d'émancipation individuelle et de développement collectif et il est amené à le devenir davantage. Internet a offert à l'humanité une explosion de services, de contenus et d'usages, issue de toutes les hybridations permises par le passage au numérique. L'information, en se convertissant à la langue unifiée des 0 et des 1, est devenue plus fluide et adaptable, infiniment communicable et ubiquitaire, consacrant l'alliance longtemps annoncée du contenant et du contenu, des œuvres et de la technologie, de l'audiovisuel et des télécommunications.

Internet a stimulé les économies qui ont su investir et croire en lui, en multipliant les échanges et les opportunités de transaction. Internet a surtout ouvert à chacun un accès illimité à la connaissance et à l'information : plus informés, mieux reliés, les internautes-citoyens sont appelés à prendre un rôle plus grand dans les démocraties connectées.

Aussi, la révolution numérique que nous vivons devrait réjouir tous les républicains, et notamment les Français nourris des valeurs d'universalisme et d'humanisme.

Les enjeux qu'elle recèle sont politiques et sociaux plus que technologiques et se jouent en même temps, à tous les degrés et sur tous les territoires : accès de chacun au numérique pour éradiquer l'« illectrisme » (l'illettrisme électronique), connexion de tous les territoires, campagnes de France ou pays émergents, pour stimuler l'activité économique et permettre l'élévation de tous.

Internet est souvent associé à la vague libérale mondialisée qui s'est renforcée en même temps qu'il naissait. La réalité apparaît plus subtile : si Internet promeut l'initiative individuelle et incite chacun à mieux entreprendre sa vie, il est une chance pour tous les oubliés. Sur les terrains économique, social, culturel, politique, il favorise l'essor et la reconnaissance de ceux que l'on ne voit pas et que l'on n'entend jamais, en leur donnant la parole et en offrant un espace à une entraide à l'échelle mondiale.

En cela, Internet dessine l'esquisse d'une République numérique, prémonition des Républiques de demain : libérale et solidaire.

Une opportunité historique s'offre à nous de bâtir, grâce à ces nouveaux outils, une société de citoyens plus informés, plus cultivés, plus conscients et donc plus respectueux de la chose publique, plus souvent appelés à participer à la décision collective, et plus solidaires parce connectés et responsables les uns des autres.

La République numérique n'échappera pas à l'exigence qui fonde tout espace commun, et les droits et les devoirs du citoyen numérique devront à terme s'équilibrer pour que l'espace numérique public soit parcouru par tous en toute confiance : identification des personnes, confidentialité de la conservation des données, respect de la vie privée sont autant de thèmes auxquels il nous appartient d'apporter des solutions et des règles globales.

L'histoire d'Internet est en train de s'écrire et nous appelle à en être les acteurs : politiques, entrepreneurs ou simples internautes devront manifester leur volonté de civiliser cet espace partagé. En cela, les modes d'organisation propres à Internet montrent la voie : organiser une concertation large et s'appuyer sur les acteurs de la société civile pour faire valoir une liberté régulée, dont les contraintes soient acceptées par tous.

Il est trop tard aujourd'hui pour s'émerveiller de la profonde modification que l'avènement d'Internet est en train d'opérer dans notre quotidien. Les adolescents d'aujourd'hui sont nés dans cet univers connecté. L'écran, le clavier, la souris, le téléphone mobile sont les prolongements naturels de leur corps. Ils vivent les mutations d'Internet comme leurs parents vécurent celles de la télévision : avec un intérêt indéracinable mais blasé. Parler des merveilles du monde connecté vous fera passer pour un illuminé, voire pour une personne mal informée des problèmes qu'il génère.

Il est trop tôt pour mesurer l'ampleur des phénomènes qui se jouent dans cette rupture technologique qu'est le basculement vers le numérique. Les phénomènes en cours ne sont pas encore arrivés à stabilité et les modèles se cherchent. Les objets succèdent aux objets, les logiciels aux logiciels ; les usages s'enrichissent perpétuellement mais qui pourra dire avec certitude à quoi nous occuperons notre temps connecté dans cinq ans seulement ? Quelques caractéristiques se dessinent, mais elles ne peuvent pas servir de fondement à une théorie ; à ce stade, on ne peut que partager ses intuitions.

Trop tôt ou trop tard, il est triste de voir que cet instrument de progrès laisse nombre de nos concitoyens sceptiques. Les enthousiastes sont rares et le sont souvent sans nuance, suscitant plus de suspicion encore, chez ceux que l'économie numérique n'a pas encore convaincus.

C'est à ces sceptiques que je souhaite m'adresser : à ceux qui, familiers ou non de la chose numérique, doutent du fait que ces nouveaux réseaux apporteront *in fine* un progrès dont l'humanité sortira grandie.

La révolution numérique nous concerne tous, quelles que soient notre connaissance et notre familiarité avec les ordinateurs, les téléphones mobiles, les baladeurs numériques, les consoles de jeu vidéo, les supercalculateurs, les réseaux de données, les réseaux d'échanges pair à pair[1], et tous leurs épigones. Elle nous affecte tous, que nous voulions ou non y entrer de plain-pied, puisque les informations nous concernant sont stockées et traitées sur les centaines de serveurs des banques, des assurances ou de la Sécurité sociale, et de tous les organismes avec lesquels nous sommes en relation. Elle inspire l'inquiétude, comme tout ce qui est nouveau et qui n'est pas maîtrisé : peur d'être fiché, peur d'être trompé, peur de perdre son temps dans des activités vaines, peur de voir l'ancien monde détruit par celui qui s'annonce.

J'ai souhaité que ce livre aide à comprendre que cet édifice technologique est en train de se civiliser ; que nous devons à la sphère numérique de nombreux bienfaits dont nous devons être

____

1. *Peer-to-peer.*

conscients pour bien décider de l'avenir ; que les applications qui seront faites demain des outils qui voient le jour aujourd'hui nous surprendront, par leur pertinence et leur profondeur.

J'ai évité autant qu'il était possible d'avoir recours au jargon connu et compris des seuls initiés. La langue du progrès se passe de longues considérations techniques ; il a toutefois été impossible de l'en expurger totalement : de cette révolution numérique encore inachevée, nous devrons accepter de voir pendre encore quelques câbles, derrière les pans complétés du fuselage.

Ce livre s'inscrit donc à rebours d'une tendance actuelle, qui veut que toute prise de parole à visée prospective se réfugie dans la posture conventionnelle de la Cassandre des temps modernes : révéler des crises, tirer des sonnettes d'alarme, menacer le monde de ne plus tourner si telle ou telle action n'est pas entreprise. Il existe déjà de nombreux livres de cette teneur au sujet d'Internet et du progrès en général. Je ne pense pas qu'ils rendent hommage à l'impressionnante aventure humaine à laquelle nous avons la chance d'être invités.

Je constate dans notre pays une grande méfiance vis-à-vis du changement. Il est inquiétant qu'un pays aussi riche de talents nourrisse une telle peur de l'avenir. Il est incompréhensible qu'un pays connu pour le rôle qu'il a joué dans l'histoire des sciences, qui a maintenu l'ambition scientifique au cœur de son système d'éducation, ait pour la technologie autant de défiance, alors même que ses ingénieurs sont réclamés dans tous les pays du monde où elle se conçoit, se décide, se produit.

La France se singularise en véhiculant une image assez inquiétante de la transition qui s'opère. La révolution numérique est le plus souvent associée aux crises de mutation qu'elle provoque, rarement aux progrès qu'elle engendre. Qui parle le plus d'Internet ? Pêle-mêle, ceux qui décrivent la baisse brutale des ventes de disques, suite à la banalisation du téléchargement illégal ; ceux qui s'inquiètent de la prolifération de la pornographie voire de la pédo-pornographie ; ceux qui s'alarment de la présence de prédateurs sur les sites de socialisation ; ceux qui décrivent la cyber-dépendance chez les adolescents.

Il ne s'agit pas de nier la réalité mais de garder le sens de la nuance et de la perspective. Internet est jeune. Très jeune. La plupart de ses acteurs majeurs ont moins de dix ans, parfois moins de cinq ans. Google a dix ans, l'américain Youtube et le français Dailymotion ont trois ans. Leurs fautes de jeunesse sont en train d'être corrigées. Par exemple, le téléchargement illégal disparaîtra progressivement grâce à l'action conjuguée des maisons de disques qui proposent des forfaits de plus en plus attrayants et des fournisseurs d'accès à Internet conscients de la nécessité – y compris dans leur propre intérêt – de protéger les créateurs de contenus. Nous devons faire d'abord confiance à l'autorégulation des acteurs et les y encourager. Cela paraît, dans tous les pays, en bonne voie. L'action répressive (au demeurant techniquement complexe) des Etats ne doit intervenir qu'en cas de carence de l'autorégulation et engager toute sa détermination, comme c'est déjà le cas, contre les dérives marginales les plus dangereuses ou les plus attentatoires aux libertés.

Mises bout à bout, toutes ces alertes ont construit l'image inquiétante d'une hydre rampante, qui s'insinuerait dans le quotidien de chacun en flattant ses vices, y distillerait la dépendance, y répandrait la désinformation, séduirait toutes les intelligences et les pousserait à communier dans une grande vanité mondialisée : Internet, marqué d'un triple w, serait l'incarnation technologique de la fameuse Bête de l'Apocalypse. Je ne souscris pas à une vision millénariste d'Internet.

Je vois au contraire en Internet un processus qui aide le monde à enfanter d'une ère nouvelle.

Internet mime le monde. Il le décrit, il reproduit peu à peu tout ce qui le compose, « bon » ou « mauvais », pour schématiser.

Regardons plus précisément. Il se remplit des images du monde dans les quantités qui lui sont demandées par les internautes eux-mêmes. Internet est donc le monde tel que nous, internautes, le voyons et le voulons. Les hiérarchies qui sont les siennes lui ont été imposées par nous et continueront de l'être.

Rappelons quelques évidences.

En moins de quinze ans, Internet a donné à un milliard et demi d'humains l'accès à presque toute la connaissance disponible. Pour peu que son foyer ou son lycée dispose d'une bonne connexion, un adolescent peut désormais se nourrir de tout ce qui est nécessaire à son édification : que ses parents soient riches ou pauvres, analphabètes ou fins lettrés, qu'il y ait ou non des livres sur les étagères qui l'entourent, il pourra compulser les ouvrages des plus grandes bibliothèques du monde, s'ouvrir à la culture, consulter l'information des quotidiens internationaux, sans se lever de sa chaise ni dépenser le moindre euro.

Internet a permis la rencontre de millions de personnes qui n'auraient jamais pu se rencontrer. L'internaute qui se connecte abandonne comme une défroque inutile tous les marqueurs externes de sa vie réelle ; il n'existe plus par son apparence physique ou son pouvoir d'achat, mais par ses motivations, ses centres d'intérêt et sa maîtrise de la langue. Les cercles qui se forment sur Internet sont pour la plupart ouverts ; découvrir leur existence est souvent le seul laissez-passer nécessaire pour y pénétrer. Internet aide indistinctement les lecteurs de Proust et les collectionneurs de boîtes de camembert à se retrouver et vivre plus intensément leur passion. Internet facilite le quotidien de chacun, de la recherche d'un numéro de téléphone à celle d'un emploi stable, en passant par la météo ou le trafic routier en temps réel.

Internet donne accès à l'information de la façon la plus libre et ouverte : quel que soit le moment, à tout endroit du globe, quelle que soit sa provenance.

Internet donne la parole aux internautes, plus que tout autre média n'était arrivé à le faire : il invite chacun à donner son avis, à approuver ou contester, à débattre. Internet a ouvert les yeux du monde sur de nombreux grands sujets et a souvent pris le relais de la couverture médiatique lorsque celle-ci faisait défaut.

Chacun est invité à contribuer à l'édifice : la Toile (le World Wide Web) est constituée en majorité de pages entretenues par des particuliers, de documents qui ont été numérisés et qui y ont été introduits, mais aussi de commentaires et d'informations qui les accompagnent et permettent leur bonne assimilation.

Internet a catalysé l'économie mondiale dans des proportions phénoménales. Sans qu'on le mentionne, il est à l'origine d'une part notable de la croissance que la planète a connue ces quinze dernières années. Internet a joué aussi un rôle majeur dans l'émergence des nouvelles puissances économiques, en facilitant le commerce et la production décentralisée.

Internet a permis de faire collaborer de façon synchrone des unités de production et des partenaires commerciaux situés aux antipodes, en partageant l'information comme s'ils étaient voisins de bureau. En quelques années, Internet a fait s'effondrer le coût du transfert de l'information : dès lors, les cercles de production ont pu s'étendre ; des millions d'actifs se sont conjointement équipés d'ordinateurs et des moyens de les connecter, leur permettant de communiquer instantanément. Sans prendre en compte l'apport des nouvelles technologies de l'information, il serait difficile d'expliquer que l'industrie indienne du logiciel ait pu capter un tel carnet de commandes en provenance des pays développés à partir de la fin de années quatre-vingt-dix : ces opérations complexes requièrent des échanges incessants qui ne pourraient se produire sans l'e-mail et les techniques actuelles de partage de l'information. De la même façon, la commodité que les nouvelles technologies de l'information apportent aux processus industriels, puis au transport des marchandises, est essentielle pour comprendre que la Chine soit devenue si rapidement l'atelier de montage du monde entier. D'une certaine façon, l'Inde et la Chine modernes sont les filles de la révolution numérique. Et insidieusement, dans le sillon creusé par la prospérité économique et la diffusion de l'information, naît un désir accru de démocratie.

Au bilan, quel que soit l'angle sous lequel on le considère, Internet apparaît comme un formidable outil d'émancipation des individus, des peuples, des économies, et un ferment de progrès pour toutes les sociétés.

Et le fait qu'Internet ne soit pas toujours mature et stabilisé, qu'il draine encore dans son sillage des scories qu'il faudra éliminer, que la dialectique entre liberté et régulation y soit plus subtile et délicate que dans d'autres pans de l'économie ne change rien à l'affaire ; lorsqu'une rupture technologique majeure apparaît, lorsqu'un instrument de progrès se déploie sous nos yeux, à l'instar de ce que furent le téléphone, la voiture, la télévision ou le nucléaire civil on peut – et on doit – vouloir renforcer sa régulation ou bâtir des garde-fous mais on ne peut, par conservatisme, nier son apport ou faire de la Toile l'enfant rêvé de l'araignée totalitaire qui sommeillerait dans chacune de nos démocraties. Face à Internet on a le droit de ne pas être béat, d'exiger de renforcer les digues des libertés individuelles. Mais il est suggéré de ne pas se montrer réactionnaire.

Pourtant la France est encore bien frileuse en matière d'échanges numériques. De nombreux Français ne sont pas encore connectés, par indifférence, par crainte ou par paresse. La France prend du retard alors qu'elle dispose pourtant d'infrastructures (réseaux haut débit et bientôt très haut débit) parmi les plus performantes.

Pour que la France tire tous les bénéfices économiques, sociaux, sociétaux et démocratiques d'Internet, nous devons, en toute simplicité, succomber à l'enthousiasme. La France doit se laisser envahir par ces nouvelles façons de lire et de vivre le monde, et jeter de côté toute morgue vis-à-vis de la technologie. Son avenir, à tous les titres, en dépend. Chacun est concerné par cette mutation, quel que soit son âge, sa formation initiale ou son appétit de modernité : aussi nous devrons nous assurer que toute la population puisse pénétrer dans cette sphère numérique, c'est-à-dire être équipée des outils adaptés, être connectée à tous les titres, aux réseaux de communication, et prendre le temps nécessaire à l'apprentissage des nouveaux modes de communication. L'avenir de notre pays en dépend grandement. Il y a urgence à ce que nous partagions ce constat, pour redonner à la France la place qui lui revient sur la planète connectée.

Ce livre est structuré en quatre parties.

La première partie trace le périmètre de l'économie numérique, et recense les grands pans qui la composent. Elle expose quelques évolutions récentes d'Internet dit « 2.0 » ou « collaboratif », qui sont déterminantes pour comprendre pourquoi les internautes et les entreprises sont amenés à devenir de véritables acteurs de la Toile.

Les trois parties suivantes déclinent les trois domaines dans lequel Internet a engendré le plus de progrès. La révolution numérique est envisagée sous le triple crible : économique, sociétal, et démocratique.

Internet fonctionne comme une singulière préfiguration du monde futur : un monde libéral, où chacun est invité à entreprendre sa vie et manifester sa singularité ; mais un monde solidaire où chacun souhaite apporter sa pierre à l'édifice et où nul n'est laissé sur le bord du chemin, où chacun trouve sa place ; enfin, un monde plus civique et plus juste, où la raison du plus fort ne l'emporte plus, où chaque internaute est un citoyen optimiste, vigilant et responsable, prêt à participer activement à la décision publique. Aussi, ce petit opuscule se penchera plus particulièrement sur la façon dont Internet est en train de refondre notre rapport à la *res publica*.

1

Numérique : mise au point

L'internet, Internet, histoire de noms

Depuis sa naissance, le « réseau des réseaux » entretient la polémique sur tout ce qui le touche : jusqu'à son nom. Personne ne peut dire avec certitude d'où celui-ci provient : il serait issu de l'apocope du mot *internetting*, néologisme que l'on peut traduire par « connexion entre réseaux ». Certains soutiennent qu'Internet est la contraction de *interconnected network*. Toutes les explications données font référence à la notion de connexion des réseaux : une connexion œcuménique, agnostique, totale, ouverte comme une invitation à rejoindre un ensemble plus vaste.

L'Académie recommande de nommer ce réseau des réseaux « l'internet », avec l'article et sans la majuscule. On le désignerait ainsi comme on parle de l'eau courante, du téléphone, de l'électricité ou de la télévision, bref comme d'une commodité de la vie moderne. Malgré cela, l'usage emploie la majuscule et supprime l'article : Internet. « Je suis sur Internet ; j'ai vu cela sur Internet. » La majuscule, dans notre langue, est réservée aux espaces géographiques, aux personnes, aux divinités et aux marques.

Internet est un peu de tout cela dans l'imaginaire collectif qui le voit surgir : espace de navigation aux ressources infinies, organisme dont la conscience se réveille chaque fois qu'on veut le brider, objet de culte pour une légion d'internautes, parcouru plutôt que consulté, personnifié plutôt que réifié, Internet n'est pas, dans le regard de tous ceux qui le pratiquent, un outil désincarné.

Je prendrai donc la liberté de le nommer ainsi, pour lui conserver tout le pouvoir d'évocation que le lecteur voudra bien lui prêter : Internet.

Internet est devenu le plasma, la mer nourricière dans laquelle évoluent tous les autres éléments observables de l'économie numérique. Aussi, par « Internet » j'entendrai : le réseau Internet lui-même, augmenté de tous les éléments qui lui sont connexes : un ordinateur connecté, un baladeur numérique qui diffuse de la musique acquise presque intégralement sur Internet, tous les services en ligne qui s'y trouvent, tous les logiciels qui entrent dans sa constitution, ne peuvent en être exclus lorsque l'on souhaite considérer le phénomène dans son ensemble.

L'économie numérique, combien de divisions ?

On a l'habitude de regrouper sous le terme d'économie numérique, une réalité très vaste et souvent floue. Les objets concernés fonctionnent grâce à l'électronique des microprocesseurs et communiquent via des langages binaires faits de 0 et de 1 : des impulsions électroniques nommées « bits », qui sont les atomes de toute communication. Le terme « numérique », traduit du *digital* de l'anglais américain, provient du fait que toute communication et toute opération peuvent être réduites à un calcul sur les nombres.

Le terme d'économie numérique a été introduit par Nicholas Negroponte dans un ouvrage de 1995, *Being Digital*. Nicholas Negroponte y avait prophétisé le monde dans lequel nous vivons aujourd'hui : un monde où les échanges d'information sont plus déterminants que les échanges de biens et les déplacements physiques : en connectant les ordinateurs par les réseaux de communication au sein d'un même espace numérique, on pose les bases d'une nouvelle économie.

La fin du XXe siècle n'a pas donné tort à Nicholas Negroponte. En favorisant la communication des ordinateurs, un vaste mouvement s'est opéré, encore très éloigné de son apogée. Les ordinateurs connectés ont offert de nouvelles fonctionnalités tels le mail ou l'accès instantané à l'information. Ainsi, de nombreux échanges sur le mode numérique se sont substitués à des échanges physiques devenus onéreux et inutiles. La nécessité de visualiser des images et de les stocker a stimulé le besoin en mémoire et en capacité de calcul des ordinateurs ; la concurrence entre fabricants s'est renforcée au bénéfice du consommateur ; des millions d'ordinateurs se sont vendus, des millions de personnes ont pris de leur temps pour apprendre à s'en servir. Internet, comme avant lui les jeux vidéo et les logiciels bureautiques, est devenu la motivation principale pour s'équiper d'un ordinateur. La base d'ordinateurs et de personnes sachant s'en servir a très fortement crû en même temps que ces ordinateurs se connectaient, servant de support à l'émergence d'une nouvelle économie, l'économie numérique.

Si l'on suit cette définition, les bornes de l'économie numérique sont très vastes. Elles englobent de nombreuses activités, domaines de la connaissance, services et biens manufacturés. Pour l'évoquer de façon plus tangible, on peut distinguer quatre grands pans dans cette économie : l'électronique grand public, les réseaux de communication, les logiciels et les services en ligne.

Economie numérique : les objets

Commençons par décrire les objets qui sont propres à cette économie numérique. Ils constituent la partie émergée et visible de cet écosystème. Ils forment une galerie en perpétuelle évolution, déployant d'année en année des fonctionnalités et des performances surprenantes dans leur variété et leur capacité de renouvellement.

L'ordinateur et le téléphone portable y tiennent une place toute particulière. Ils constituent le moyen privilégié pour les foyers, pour les entreprises comme pour les individus d'accéder aux réseaux de communication numériques. L'un et l'autre sont conçus pour agréger les fonctionnalités les plus riches et permettent de capter, stocker, traiter, restituer les informations les plus variées.

Les ordinateurs se sont imposés comme les centres nerveux de l'économie numérique. Ils sont conçus pour pouvoir s'adapter à n'importe quelle tâche : bureautique, lecture de musique ou de films, jeu vidéo, stockage et traitement des photographies et des films personnels, accueil de tous types de logiciels spécialisés. Les ordinateurs forment, au bureau comme au sein du foyer, le point de convergence des usages et des informations : tous les autres appareils numériques sont aujourd'hui conçus pour s'y raccorder. Ils sont devenus le creuset de toutes les innovations, dont la plupart sont logicielles. L'inflexion récente des usages a fait de l'ordinateur le réceptacle de référence de la musique, des films et des contenus personnels, poussant les constructeurs à proposer chaque saison des capacités de stockage plus importantes. Les microprocesseurs ont continué d'augmenter leur puissance de façon constante, suivant la célèbre loi de Moore qui veut qu'à coût égal, les puces doublent leur intelligence tous les deux ans.

Le taux élevé de renouvellement des téléphones mobiles entretient une innovation perpétuelle. En même temps que les fonctionnalités proposées se multiplient, celles qui demeurent sont constamment simplifiées. Les fonctions les plus complexes deviennent, année après année, accessibles au plus grand nombre : nous avons acquis notre premier téléphone mobile pour téléphoner et être joignables partout où nous nous déplaçons ; demain, à l'instar des plus jeunes utilisateurs, nous utiliserons le mobile pour écouter de la musique ou regarder des films en voyageant, nous organiserons notre journée grâce à l'assistant personnel, nous capturerons les instants de notre vie grâce au micro et à la caméra qu'il porte, nous trouverons notre chemin ou la librairie la plus proche grâce aux services de géolocalisation ; très certainement, nous effectuerons nos paiements et nous nous identifierons quand nous le souhaiterons grâce à ce même téléphone, dont la taille n'aura pas augmenté, parce que tous ces services seront devenus accessibles à tous grâce à une interface conçue pour le plus grand nombre.

La galerie d'objets numériques doit aussi être complétée par les consoles de jeu, par quelques appareils de captation (comme les appareils photographiques ou les caméras vidéo) et une grande variété d'appareils de restitution : baladeurs numériques audio ou vidéo, téléviseurs de nouvelle génération, assistants personnels, et bientôt livres numériques, ainsi que tout objet porteur d'un écran.

Ajoutés les uns aux autres, ces objets se comptent déjà par milliards sur la planète.

Economie numérique : les réseaux

La formidable explosion des appareils numériques et des usages qui leur sont associés ne pourrait s'expliquer sans un parallèle avec le réseau qui les baigne et les connecte tous : Internet. Les principes qui régissent Internet sont nés au début des années soixante-dix, mais il faut attendre le début des années quatre-vingt-dix pour que le réseau reliant initialement des ordinateurs de la Défense et des grandes universités scientifiques américaines s'ouvre aux ordinateurs des simples particuliers. Tous ces ordinateurs, conçus pour communiquer, sortaient de leur autisme pour déployer toutes leurs potentialités. Le réseau Internet s'est tout d'abord déployé sur le réseau téléphonique mondial ; mais très vite, sa croissance phénoménale a débridé les investissements : en quelques années, Internet a suscité la constitution d'un réseau autonome sans précédent ; aujourd'hui, ce réseau attire et intègre inexorablement tous les autres : réseaux téléphoniques, réseaux bancaires, réseaux de communication sécurisés, tous les réseaux sont en train de basculer vers les protocoles qui régissent Internet.

Ce « réseau des réseaux » présente une curieuse singularité. Alors que les réseaux téléphoniques étaient régis par la puissance publique ou des entreprises, Internet est l'objet d'une gouvernance d'une nature nouvelle. Les règles de fonctionnement du réseau, les protocoles, les évolutions des protocoles de transport et d'adressage qui déterminent son avenir dépendent de débats ouverts entre experts internationaux. L'*Internet Corporation for Assigned Names and Numbers* (ICANN), autorité en charge du bon fonctionnement et de l'évolution d'Internet, entretient des relations privilégiées avec le gouvernement américain, mais son conseil d'administration est largement ouvert aux experts internationaux. Depuis son apparition, Internet propose des modes de communication sur lesquels les Etats peuvent difficilement agir.

Ce constat pourrait être alarmant : la planète peutelle se contenter d'un seul réseau ? Ne court-on pas un risque majeur en conditionnant tous les échanges économiques, politiques, sociaux, à un réseau unique ? Peut-on faire confiance à un réseau qui perd tout ancrage politique ou territorial et sur lequel la puissance publique a peu de prise ? Toutes ces questions se posent aujourd'hui aux experts et aux techniciens qui participent à la gouvernance de ce réseau et interpellent d'abord les élus et les citoyens.

Internet semble attirer à lui de façon inéluctable tout objet doté d'un microprocesseur et utilisant des logiciels. La connexion au réseau implique la mise à jour des appareils avec des logiciels plus frais, et l'accès à une inépuisable gamme de services en ligne. La connexion irrigue tout élément, augmentant ses capacités et le protégeant de l'obsolescence.

Economie numérique : les logiciels

Un troisième pan doit être cité, qui est composé de la sphère logicielle et des capacités de calcul, qui sont indispensables à l'économie numérique, car elles soutiennent tous les traitements et les transports d'information. L'avènement d'Internet a profondément modifié les fondements de l'industrie logicielle. La connexion de millions d'ordinateurs, la création de services évolutifs s'est appuyée sur une innovation logicielle variée qui a stimulé sa croissance. Mais la conséquence majeure de la mise en réseau de tous les informaticiens de la planète est d'avoir créé une force de travail sans commune mesure dans l'histoire de l'informatique. Cette communauté s'est emparée des outils de communication et de partage, et les a utilisés pour résoudre les problèmes informatiques auxquels elle était confrontée. Cette collaboration planétaire ne pouvait se faire dans le cadre strict fixé par le respect de la propriété intellectuelle et du droit des affaires : ces pionniers ont donc préféré abdiquer leurs droits et mettre en commun leurs créations pour en favoriser le développement, donnant naissance au logiciel libre. Longtemps présentées comme rivales, les deux branches de l'industrie du logiciel (sous droits ou libre) sont aujourd'hui en train de se rapprocher et leurs modèles d'affaires se sont considérablement hybridés et enrichis lors des dernières années.

Certains logiciels sont constitutifs d'Internet. Par exemple, les navigateurs, fournis dans les suites bureautiques standards ou téléchargeables dans leur version libre, sont indispensables à l'internaute pour se mouvoir dans l'espace web : ils composent les pages en fonction des éléments stockés à l'adresse web indiquée. Les logiciels dits « pair à pair », fréquemment cités comme responsables de la chute des ventes de disques parce qu'ils permettent de mettre en commun toute forme de documents numériques, ont profondément reconfiguré les échanges d'informations au sein d'Internet. Ils ont pris possession de la mémoire et de l'intelligence des ordinateurs, alors laissés en sommeil lorsqu'ils n'étaient pas en fonction, pour étendre la capacité de stockage et de calcul disponibles. Aujourd'hui, le calcul distribué, qui s'appuie sur un nuage d'ordinateurs plutôt que sur un serveur puissant, est une des branches les plus actives de l'informatique.

Economie numérique : les services en ligne

Les services en ligne forment la partie émergée et tournée vers l'utilisateur d'innovations logicielles. Ils constituent le quatrième pan de l'économie numérique.

La plupart de ces services concernent le Web, la Toile mondiale qui relie entre elles les pages stockées sur des serveurs ou des ordinateurs : moteurs de recherche, blogs, « sites sociaux[1] », sites de partage de vidéos[2]. En recenser toutes les catégories

---

1. Les sites sociaux, tels Seesmic, Facebook ou Myspace, permettent à leurs utilisateurs de créer un profil où ils se décrivent et présentent leurs centres d'intérêt, donnant l'occasion de tisser des liens entre utilisateurs.

2. Les sites de partage de vidéos, tels Youtube et Dailymotion, mettent à la disposition leurs serveurs pour y stocker les vidéos des internautes ; les vidéos sont rendues accessibles à tous les internautes, qui peuvent les consulter librement.

serait aussi fastidieux qu'inutile. On pourrait comparer Internet à ces océans primitifs où les espèces foisonnent, se développent, s'entre-dévorent ou cohabitent, et basculent collectivement vers des états plus sophistiqués et plus stables. Internet est un espace darwinien où le temps s'accélère, où les modèles se testent, pullulent puis disparaissent, pour évoluer collectivement vers un degré supérieur d'organisation.

Les entreprises qui ont développé ces services en ligne ont été au centre de la bulle spéculative du tournant du millénaire. Encore aujourd'hui, la plupart des services à destination du grand public sont gratuits et les mêmes questions se posent quant à la viabilité des modèles qu'ils avancent. La publicité, même si elle est en forte hausse sur le média Internet, suffit-elle à financer les investissements nécessaires à cette incroyable démonstration d'innovation ?

Internet 2.0 : Internet participatif ou « collaboratif »

Les services en ligne ont connu dans les trois dernières années un tournant décisif, qui a vu l'internaute prendre une part active dans la création, le classement et l'entretien des informations présentes sur la Toile. Les observateurs ont considéré qu'on assistait là à la genèse d'une nouvelle génération d'un Internet « collaboratif » (d'autres diront « participatif »), généralement désigné sous le vocable « Internet 2.0 ».

Ce phénomène repose en grande partie sur l'augmentation de la capacité de traitement des ordinateurs et du débit de connexion des foyers qui permettent de travailler en temps réel sur des bases partagées.

Il s'explique aussi par la généralisation du langage de programmation XML *(eXtensible Markup Language)* qui organise toute information comme une base de données, ce qui permet de réutiliser plus facilement les informations présentes sur le Web. Dans son sillage, l'usage de métadonnées s'est généralisé [1], ouvrant la voie à l'étiquetage raisonné des informations disponibles sur Internet. En quelque sorte, « l'envers de la Toile » est en train d'être doublé par des données explicatives qui facilitent la navigation sur « l'endroit de la Toile ».

Le Web est en train d'évoluer vers un « Web sémantique », un Web plus intelligent où il sera

---

1. Les métadonnées, invisibles par l'internaute, donnent des éléments de description supplémentaires aux contenus visibles ; elles permettent par exemple d'identifier des catégories qui peuvent se retrouver dans des pages analogues (ainsi la programmation de pages de recettes de cuisine peut utiliser les métadonnées « ingrédients » ou « temps de cuisson »).

plus facile de naviguer et de trouver ce que l'on cherche.

L'une des applications tangibles de ce phénomène sont les *mash-ups*, applications composites qui mêlent les bases de données de façon ingénieuse, et les présentent de façon à leur donner toute leur pertinence : elles permettent, par exemple, d'afficher toutes les pizzerias du quartier sur une carte, ou les séances des films programmés ce soir dans une zone de chalandise.

2

Le libéralisme au profit du plus petit

L'économie numérique catalyse l'économie

Internet opère comme un phénoménal accélérateur de croissance : on observe dans de nombreux pays une forte corrélation entre la croissance économique et la croissance de l'économie numérique. Investir dans les nouvelles technologies de l'information revient à rénover le tissu économique en lui donnant une plus grande fluidité. Des pays comme la Corée du Sud, la Finlande ou Israël ont mené une stratégie volontariste en faveur des nouvelles technologies de l'information, qui s'est avérée gagnante en termes économiques autant que sociaux. Investir dans ces technologies est un impératif pour toute économie qui souhaite mener la course en tête dans un monde de concurrence exacerbée. Pour ce faire, la politique d'enseignement supérieur, la politique de recherche et la politique industrielle doivent se coordonner judicieusement pour nourrir l'écosystème technologique et économique propre au numérique : variété des compétences, lancement de grands projets, politique de brevets doivent favoriser l'innovation et nourrir les jeunes pousses pour protéger leur enracinement dans le territoire national.

La révolution numérique consacre toutes les fusions. Le rapprochement entre les industries de l'audiovisuel et des télécommunications en est le signe le plus patent. On a longtemps opposé « tuyaux » et « contenus », pour voir aujourd'hui les deux modèles se rejoindre et s'hybrider. Le mouvement de fond qui convertit dans tous les pays du monde la diffusion analogique de la télévision et de la radio en diffusion numérique, provoque un heureux cataclysme qui modernise partout et en même temps la machine à produire les œuvres et les informations, les rendant propres à être plus promptement véhiculées sur les nouveaux réseaux : Internet, mais aussi la télévision mobile et la radio numérique, proposeront un accès rénové, plus individualisé, à la culture, à l'information et au divertissement.

Internet invente la concurrence pure et parfaite

L'apport d'Internet à l'économie mondiale est multiforme. On peut cependant proposer une formulation de synthèse : Internet a rapproché l'économie mondiale de la concurrence pure et parfaite en dotant tous les acteurs des moyens d'une pleine rationalité.

Une concurrence pure et parfaite est une fiction de l'esprit, inventée par les économistes pour concevoir leurs modèles. Alors qu'elle ne pourrait être observée même dans le pays le plus libre-échangiste, Internet sert de laboratoire à une concurrence « presque » parfaite. Cinq conditions caractérisent un marché de concurrence pure et parfaite : l'atomicité ; l'homogénéité du produit ; la libre entrée ; la transparence ; la mobilité des facteurs de production.

Avant de présenter les modifications introduites par Internet sur les marchés qui l'utilisent pour leurs transactions, considérons une bourse de commerce, comme celles qui ont vu le jour à Bruges ou Amsterdam pour servir de point de rassemblement de tous les acteurs d'un marché. La première barrière était vraisemblablement la contrepartie de leur localisation géographique unique : il fallait être de Bruges ou d'Amsterdam, où y être représenté, pour appartenir au marché ; si vaste soit-elle, la salle de change n'aurait pu contenir tous les vendeurs et acheteurs de thé, de coton ou de sucre du monde. Lorsqu'un bien est proposé à la vente sur Internet, la localisation de l'acheteur n'est plus une limite : la place de marché est à la dimension de la planète. Affranchis des contraintes géographiques, un très grand nombre d'acteurs peuvent entrer dans le marché sur Internet ; dès lors, les acteurs sont suffisamment nombreux pour qu'aucun ne puisse influencer sensiblement le marché (atomicité). Ils ont de plus la faculté de comparer tous les produits, sur lesquels ils disposent de beaucoup d'informations, et de s'assurer de leur substituabilité (homogénéité des produits). De nombreuses places de marché sur Internet fonctionnent sur une simple inscription, par exemple, les sites d'enchères électroniques ; tout acteur peut entrer et sortir de ces marchés, sans coût et à sa guise (libre entrée). Internet permet de communiquer instantanément l'intégralité de l'information disponible à tous les acteurs, abolissant l'asymétrie d'information propre à la plupart des marchés physiques (transparence). Les facteurs de production pour les nouvelles entreprises du Web reposent sur leurs compétences d'une part, et sur des investissements immatériels : logiciels, marques, etc. ; ils sont plus mobiles, plus adaptables et moins spécialisés dans une start-up du Web que dans une usine du XXe siècle (mobilité des facteurs de production).

Dans les années quatre-vingt, les marchés du brut, de minerais ou de matières premières avaient bâti leurs places de marché virtuelles sur les réseaux de télécommunication de l'époque, permettant de pousser plus loin la dématérialisation des échanges et de favoriser l'émergence des marchés secondaires. Internet a permis d'étendre ce mouvement à des places de marché moins riches, plus spécialisées, plus atomisées. Aujourd'hui, un grand nombre de places de marché proposent un ensemble de services en ligne à des filières entières. Elles permettent de réunir fournisseurs et acheteurs, et d'autre part, de dématérialiser et d'automatiser une partie ou la totalité des flux d'information : pièces détachées, machines-outils, équipement informatique en entreprise, services de maintenance, la liste est très variée et en croissance constante. Cette concurrence plus libre explique en partie les gains de productivité constatés depuis quinze ans. Internet a catalysé la plupart des pans de l'économie « réelle », démentant les prophéties sinistres prédisant qu'il s'y substituerait.

Le libre-échange enfin favorable aux plus faibles

Ce laboratoire du libéralisme met à l'épreuve de nombreux mythes. Le libre-échange accroîtrait les écarts de revenu et creuserait les inégalités ? La liberté d'un marché serait surtout profitable aux plus gros des acteurs ? Internet constitue une opportunité pour tous, mais il semble relativement plus favorable aux acteurs de petite taille ou de taille moyenne : cela est dû au fait qu'utiliser Internet se fait à coût négligeable pour toutes les entreprises. Aussi, l'éviction traditionnelle dont les acteurs petits et moyens sont victimes, lorsque l'acquisition d'un facteur de productivité est trop onéreuse, disparaît.

En premier lieu, Internet permet à tous les acteurs de trouver de nouveaux clients : de la création d'un site web à l'utilisation de publicité en ligne, un acteur économique si petit soit-il a les moyens de créer son pas de porte sur Internet et de le faire connaître. De façon symétrique, Internet permet de mieux sélectionner ses fournisseurs : en comparant instantanément les offres, ou bien en motivant des achats groupés avec d'autres acteurs de taille comparable, Internet recèle pour les petits entrepreneurs mille et une opportunités de réduire leurs factures et d'accroître la qualité des prestations. Internet est par ailleurs un canal de distribution d'appoint qui s'est imposé dans la plupart des domaines d'activité. Augmenter le chiffre d'affaires, réduire le montant de ses factures, améliorer la qualité de ses produits et de ses prestations, trouver de nouveaux clients pour les vendre au meilleur prix : une utilisation intelligente d'Internet débouche en toute logique sur une augmentation sensible des profits.

Vue du client, l'arrivée d'Internet a élargi considérablement l'offre de produits et de services accessibles. Lorsque le consommateur est tributaire des réseaux de distribution physiques, s'il ne vit pas dans les plus grands centres urbains, il devra se contenter d'aller vers les produits les plus largement distribués, qui sont généralement ceux des plus grands acteurs. Sur Internet tout est radicalement différent : l'exposition d'un produit hégémonique et de tous ses concurrents est exactement la même, les modalités d'acheminement vers le consommateur à peine différentes. On voit bien qu'il est plus aisé pour un produit *challenger*, proposé par un acteur de petite taille, de percer sur un tel canal de distribution. Internet est un univers qui s'oppose naturellement aux distorsions de concurrence.

Internet Robin des bois

La mondialisation et Internet ont partie liée. La mondialisation n'est pas née avec Internet. Nombre d'économistes et de géographes ont montré qu'elle est apparue avec les grandes découvertes et le commerce international. Mais mondialisation et Internet se nourrissent l'un de l'autre. Il est vrai que la financiarisation croissante — et excessive — du capitalisme n'a été rendue possible que par la multiplication des réseaux, des contenus et des usages de l'économie numérique.

Il est vrai aussi, parallèlement, qu'Internet favorise l'insertion de toutes les zones du monde dans l'économie internationale. Il est donc logique que dans le diagnostic ou dans les craintes de nos concitoyens Internet soit perçu comme le véhicule, parfois le cheval de Troie de la mondialisation. Faut-il pour autant s'en inquiéter ? La mondialisation est riche d'opportunités et l'histoire récente a montré que les pays en voie de développement avaient plus gagné à l'échange international que ceux qui avaient choisi de ne pas s'y insérer ou n'avaient réussi à le faire.

Comme le dit à juste titre Tony Blair, la mondialisation est une chance pour les pays en mouvement et un risque pour les pays immobiles. Cela ne signifie pas qu'il faille renoncer pour la mondialisation comme pour Internet à une régulation plus que jamais nécessaire.

Cessons donc de créer des épouvantails. Ni la mondialisation, ni Internet ne sont – en soi – les instruments d'uniformisation dénoncés. Qu'ils contribuent à l'émergence d'un « monde global » où des milliards d'individus partagent films, musique, sports, mode vestimentaire est incontestable.

Mais on notera qu'ils ont parallèlement permis la mise en valeur des singularités de goûts, de pratiques, de cultures qui sans l'échange international et Internet étaient probablement appelés à disparaître.

Tous les pays du monde cherchent à juste titre à faciliter l'accès de leur population à l'Internet haut débit (demain, très vite, à très haut débit) fixe – à partir de son domicile – ou mobile – à partir de son portable.

En Asie, en Afrique, en Amérique latine, opérateurs publics et privés s'ingénient à investir dans les réseaux nécessaires à l'accès à la téléphonie, à Internet mobile. C'est là une source de réussite, d'accès à l'information et une condition du développement économique.

Internet et le mobile vont œuvrer à l'amélioration des conditions de vie de toute l'humanité. De l'accès à Internet et au mobile dépendront bientôt le bien-être de chacun : dans les territoires reculés d'Asie ou d'Afrique, autant que dans les campagnes françaises. Les nouvelles technologies de l'information portent en elles la promesse d'un monde plus dynamique, mais aussi plus équitable. Les outils qu'elles développent ne sont pas destinés aux seuls cols blancs des mégalopoles. Elles ont le pouvoir de répandre l'innovation à tous les niveaux où une demande précise sera formulée.

Internet est néfaste aux intermédiaires, aux positions établies qui ponctionnent la valeur sans augmenter le bien-être général. Internet permet, plus que d'autres vecteurs économiques, de remplir des objectifs sociaux de développement, en redistribuant la valeur au profit des acteurs les plus faibles, et au détriment de certains intermédiaires de la chaîne de distribution. Il y a un peu de Zorro et de Robin des bois dans Internet, ce qui explique en partie le farouche attachement que les internautes lui vouent.

La longue traîne des tout-petits

Internet est favorable au plus infime, à de multiples titres. Il permet aux plus petits des acteurs économiques d'avoir accès à la place de marché ; il met en relation les vendeurs les plus spécialisés avec les clients les plus exigeants ; il permet à tout fonds de catalogue, à tout inventaire de boutique, d'être scruté par de potentiels acheteurs ; il organise des transactions sécurisées entre agents qui ne se rencontreront jamais.

Un article du journaliste américain Chris Anderson, paru en octobre 2004, a donné un nom à ce phénomène : « la longue traîne », dont un équivalent dans notre langue serait la « loi des 80/20 » (ou la distribution de Pareto). Chris Anderson y exposait qu'Internet permettait de créer beaucoup d'utilité économique en rendant possible la vente d'un très grand nombre d'articles en très petite quantité. Sur Internet, les coûts d'inventaire et de stockage de l'information numérique sont quasi nuls ; aussi, tous les acteurs ayant numérisé et répertorié leur inventaire peuvent l'agréger auprès de centralisateurs : ainsi, les grands vendeurs de biens culturels sur Internet syndiquent des centaines de libraires plus petits, qui trouvent là un débouché confortable pour leurs invendus.

La théorie de la longue traîne devrait bientôt s'appliquer à un très grand nombre d'entreprises et de commerces, grâce à la géolocalisation. Nous avons eu l'occasion de parler des *mash-ups*, des services qui mélangent plusieurs bases de données et les présentent le plus souvent sur une carte géographique. Les téléphones mobiles aujourd'hui en vente sont tous conçus pour se connecter à Internet par voie mobile en haut débit. En parallèle, les interfaces homme-machine font actuellement des progrès significatifs pour que la navigation en mode nomade soit accessible au plus grand nombre. D'ici peu, nous devrions tous devenir des utilisateurs réguliers d'Internet en mobilité. Il sera dès lors possible d'opérer des recherches *in situ* pour détecter les commerces et les entreprises dont les services sont requis. Le coiffeur de quartier aura un intérêt notable à être bien référencé, pour capter quelques clients supplémentaires chaque semaine. Pour organiser cette mise en relation, le rôle du moteur de recherche sera plus que jamais prépondérant mais à la clé, tout acteur économique, si petit soit-il, si traditionnel soit-il, pourra tirer profit de l'existence d'Internet.

Cyber-travailleurs, cyber-entrepreneurs

Nous avons déjà dit qu'Internet abaissait sensiblement les coûts d'entrée pour les entrepreneurs, les coûts associés au commerce « physique » s'avérant souvent inutiles (location d'un pas de porte, coûts de stockage, etc.). La constatation peut être poussée plus loin : Internet permet de transformer tout internaute en entrepreneur.

L'exemple le plus cité aujourd'hui concerne les plates-formes d'enchères [1]. Des dizaines de milliers de foyers français complètent aujourd'hui leurs revenus en achetant puis revendant des biens sur ces plates-formes. Cette brocante numérique peut prêter à sourire, mais elle est âprement défendue par ceux qui la pratiquent et souhaitent la protéger.

Entreprendre grâce à la Toile ne signifie pas forcément entreprendre sur la Toile. La généralisation du haut débit facilitera le télétravail. Tout employé dont la présence n'est pas requise sur son lieu de travail pourra collaborer depuis un poste distant. Il est entendu que rien ne remplacera la présence physique ; mais pour de nombreuses interactions, elle n'est pas strictement nécessaire. Internet porte la promesse d'une inver-

---

1. Les plates-formes d'enchères, telles eBay ou Price-Minister, organisent la mise aux enchères de biens déposés par les internautes. La transaction s'opère sur Internet par des outils de paiement sécurisés et les biens sont envoyés par voie postale.

sion du pouvoir attracteur des centres urbains, en permettant au travail, à l'information et au confort de s'inviter dans toutes les périphéries. La façon dont nous financerons l'extension du haut débit aux territoires les plus reculés est un des problèmes politiques les plus cruciaux et les plus passionnants de l'ère contemporaine.

Le télétravail, annoncé depuis de nombreuses années comme la bouffée d'oxygène attendue par les territoires ruraux, ne s'est pas imposé avec le téléphone et la généralisation de l'ordinateur personnel. Il pourrait pourtant connaître un nouveau souffle dans des territoires où le très haut débit sera disponible. Au-delà de 2 mégabits par seconde, il est possible d'interagir avec le réseau d'une entreprise comme si on se trouvait entre ses murs. Au-delà de 4 mégabits par seconde, il est possible d'entretenir une visioconférence de très haute qualité, qui abolit la distance entre les personnes. Il est probable que lorsque le télétravailleur pourra être vu, plutôt que joint, plusieurs fois par jour, les entreprises seront moins frileuses pour s'ouvrir au travail à distance.

Fourmilière numérique

Tout cela n'est en somme que la réalisation de prophéties maintes fois énoncées. Les nouvelles applications d'Internet collaboratif permettent d'anticiper des tendances beaucoup plus étonnantes, tel le *crowdsourcing*. Le *crowdsourcing* (néologisme pouvant être traduit comme « externalisation vers la foule ») présente une opportunité lorsque un appel à contribution auprès des internautes peut se substituer à une prestation coûteuse. Aujourd'hui, les entreprises ont commencé sans le savoir à pratiquer le *crowdsourcing*. La plupart des grandes entreprises de textile, de cosmétique, de luxe, ont depuis longtemps fait épauler leurs agences de style en scrutant méthodiquement les blogs de fashionistas et d'adolescents de tous les continents, à la recherche de tendances émergentes. Des exemples analogues peuvent être trouvés même pour des entreprises de haute technologie. Une grande partie de l'innovation provient donc de l'extérieur de l'entreprise, via Internet.

De nombreux services du Web reposent sur la participation de milliers d'internautes, qui collaborent gratuitement à la conception de services souvent gratuits : ainsi Wikipédia, l'encyclopédie collaborative, gratuite et sans publicité, dont nous parlerons plus loin ; ainsi quelques sites spécialisés [1] mettent en vente pour des tarifs modiques des images libres de droits et des photos d'internautes ; ainsi tous les sites de généalogistes qui ont

---

1. Tel iStockphoto.

trouvé une nouvelle vigueur grâce à Internet collaboratif, leur permettant d'échanger de l'information mais aussi d'entreprendre le recensement et la documentation de stocks d'archives, qui n'auraient jamais pu être opérés sans une répartition de la tâche entre des centaines d'individus très motivés et répartis aux quatre coins de la planète.

On peut imaginer que demain, les entreprises s'approprieront ces méthodes, et feront collaborer les internautes autour de tâches rémunérées. Toutes les questions que se pose une entreprise ne peuvent donner lieu à une mission de conseil ou un contrat d'assistance. On voit donc apparaître là un considérable gisement de productivité d'une part, pour les entreprises capables de faire réaliser des tâches qui auraient été laissées en jachère, de pouvoir d'achat de l'autre, pour des internautes collaborant à distance et vendant leur savoir-faire. Pour qu'un tel gisement puisse être exploité, la mise en relation entre employeurs et employés sera, encore une fois, déterminante.

Des jeux numériques dans les entreprises pour apprendre à mieux travailler

Les internautes ont appris à mettre en commun ce qu'ils savent. Ils ont appris à collaborer de façon efficace, grâce à des logiciels et des méthodes qui parviennent à décomposer le travail en micro-tâches, invitant tout le monde à participer, dans une atmosphère ludique et gratifiante pour ceux qui s'y prêtent. Pourquoi ne pas imaginer tout cela dans le cadre des entreprises ?

Le partage de l'information et le travail en réseau à l'intérieur des entreprises pourraient être complètement révolutionnés par l'adaptation des recettes d'Internet, du wiki aux sites sociaux. Les wikis sont des logiciels qui organisent la co-rédaction d'un corpus de connaissances : chacun est invité à entreprendre la rédaction d'un article manquant, à corriger ou compléter les articles écrits par d'autres, à participer à la structuration des données, à débattre lorsqu'un litige apparaît sur un point de contenu ou de méthode. Ces wikis invitent les experts à formaliser leur savoir et à le rendre accessible à tous ceux qui souhaitent le partager : un wiki est un formidable outil pour augmenter drastiquement la compétence technique d'une équipe, en l'incitant à mettre par écrit et de façon structurée son savoir-faire. Les wikis commencent à être utilisés autour de projets techniques, mais devraient bientôt se généraliser pour envahir des domaines plus variés. L'information qui circule à l'intérieur des entreprises ne peut bien entendu pas obéir aux mêmes règles d'ouverture que pour celle qui circule sur Internet : les données partagées doivent pouvoir être protégées si cela est nécessaire, quand elles recèlent un secret de fabrique qui pourrait être facilement exportable. Toutes les règles restent à inventer, mais encore une fois, elles surgiront des employés eux-mêmes plutôt que de leur hiérarchie : les dirigeants devront, pour cela, faire le pari de la liberté donnée à la base pour qu'elle s'organise d'elle-même, et débride son potentiel créatif.

Les phénomènes que l'on observe sur les sites sociaux semblent aussi transposables au milieu de l'entreprise : vu de l'employé, pour décrire ses compétences et ses envies, proposer des solutions à un problème posé, interagir avec la hiérarchie de façon plus libre ; vu de la hiérarchie, pour organiser les tâches, pour détecter les compétences et prendre en compte les motivations, et favoriser la communication à l'intérieur de l'entreprise.

Un branche entière de l'industrie vidéo est en train de naître autour de la demande de formation : le *serious gaming*, qui propose d'appliquer à des problèmes d'entreprise les techniques du jeu vidéo, est l'un des segments les plus prometteurs de cette jeune industrie. L'idée est d'utiliser le jeu vidéo pour former des actifs à des techniques très pointues, en les immergeant virtuellement dans un univers numérique. Ces solutions sont aujourd'hui testées dans l'aéronautique de pointe, où les savoir-faire sont rares et les séances de formation difficiles à organiser, mais pourraient sans problème se généraliser à toute situation d'apprentissage en entreprise.

Ces outils ouvrent des perspectives qui laissent entrevoir une rénovation complète du tissu économique de notre pays. Les grandes entreprises se convertiront d'elles-mêmes à ces nouvelles tendances ; toutefois nous devons dès aujourd'hui réfléchir à la façon adaptée d'aider les structures plus modestes à entreprendre cette mutation. Elles portent en germe une nouvelle relation au travail, où l'employé est plus actif et plus volubile, plus concerné par l'avenir du groupe parce que plus renseigné et plus conscient des finalités de son entreprise.

3

La culture et l'information pour émanciper le monde

INTERNET nous invite au partage. Les grands débats en cours autour de la mise en ligne d'œuvres sous droits ne doivent pas occulter le fait que l'essentiel de ce qu'Internet recèle est libéré de droits : connaissances, idées, avis et informations peuvent être, le plus souvent, librement et légalement partagés. Accéder à Internet, c'est accéder à l'information et à la connaissance, sans aucune condition préalable. Le plus grand livre conçu par l'humanité s'écrit à des millions de mains et s'offre gratuitement à ceux qui veulent s'y plonger.

Lorsque l'on évoque les problèmes posés par Internet à la culture, on oublie souvent de préciser le formidable outil de diffusion, la fenêtre ouverte sur tous les mondes intellectuels connus, qu'il représente.

Les créateurs, les entreprises de divertissement et tous ceux qui en vivent, doivent légitimement pouvoir protéger les contenus sur lesquels ils détiennent des droits : Internet n'est pas un espace où les lois ne s'appliqueraient plus. C'est pourquoi ayants droit, créateurs de site et diffuseurs sont en train d'inventer de nouvelles régulations.

Wikipédia : tous encyclopédistes

L'exemple de Wikipédia mérite qu'on s'y attarde. Nul internaute n'ignore aujourd'hui cette encyclopédie en ligne, cousue à partir de millions de fragments déposés par les internautes pour élaborer ses articles. Wikipédia propose aujourd'hui plus d'articles que les encyclopédies générales n'en contiennent, quelle que soit la langue considérée. Wikipédia fait le pari que des règles de collaboration cooptées par des milliers de contributeurs peuvent ordonner toutes les parcelles d'information détenues par les internautes. Chacun peut participer : depuis la correction d'une coquille ou d'une faute d'orthographe, jusqu'à la rédaction d'articles didactiques. Cela permet aussi d'agréger de l'information sur les sujets les plus divers et les plus spécifiques : le fonctionnement des réacteurs nucléaires de nouvelle génération et les frasques de Britney Spears, l'emploi des sabres laser dans *La Guerre des étoiles* et l'utilisation du pentamètre iambique chez Shakespeare.

Malgré les critiques qui ont été formulées à son sujet lors de son émergence et en dépit des scories qui demeurent, la qualité des articles de Wikipédia ne cesse d'augmenter. La raison en est simple : plus un article est consulté, plus il est soumis à la scrutation de lecteurs exigeants qui pourront librement l'amender. Le « miracle collaboratif » se joue entièrement ici : cette connaissance appartient au domaine public, et les internautes qui veulent l'entretenir et la voir croître sont innombrables.

La vitalité de cette encyclopédie repose essentiellement sur les règles d'arbitrage et de résolution de conflits entre contributeurs ; une petite armée de modérateurs veille à ce que le consensus soit trouvé, quel que soit le sujet, entre les vues les plus diverses. Ces modérateurs n'appartiennent à aucun organisme, et sont de purs bénévoles, qui ne se sont jamais rencontrés mais ont été cooptés en raison de leur capacité à régler les différends et arbitrer de façon efficace. Leur rôle n'est pas uniquement réactif : ils œuvrent aussi à stimuler les travaux des internautes encyclopédistes sur les pans encore en jachère. Wikipédia est en train de mettre au jour un système d'organisation inédit, qui est l'illustration du fait que sur quelques règles d'organisation intelligentes et peu nombreuses, peut reposer une aventure humaine riche et complexe dont l'objectif est l'un des plus beaux et des plus utiles qu'ait connus Internet.

Diderot et d'Alembert auraient-ils mal accueilli ce projet ? Rien n'est moins sûr. Les Encyclopédistes des Lumières partageaient le même désir d'ordonner le savoir disponible afin de le mettre à la portée du plus grand nombre. La même volonté didactique animait leur élan : l'*Encyclopédie*, ouverte aux techniques et aux savoir-faire autant qu'aux sciences, aux arts et à la philosophie, manifestait un désir sincère de décrire le monde tel qu'il est, et non tel que les érudits peuvent parfois le rêver. Elle a été portée par les efforts coordonnés de dizaines de savants disposés à apporter une contribution anonyme à l'enrichissement de tous.

Wikipédia est en train de devenir pour tous les internautes du monde, *mutatis mutandis*, ce que l'*Encyclopédie* a été pour le bourgeois du XVIIIe siècle : un outil d'émancipation par le savoir, parfaitement adapté aux exigences de son siècle.

Aujourd'hui, Wikipédia propose près de 700 000 articles en français, sur un total de plus de 11 millions dans plus de 250 langues. Le français est la troisième langue représentée après l'anglais et l'allemand, preuve qu'Internet n'est pas néfaste à la diffusion de notre langue.

Internet s'organise

La nouveauté de sites comme Wikipédia, et tous ses épigones, est de créer à l'intérieur d'Internet une ossature qui lui donne un sens. La force d'Internet a longtemps été de pouvoir agréger sans discernement toutes les informations, tous les sites, tous les documents qui y étaient placés. Au commencement, l'internaute devait connaître l'adresse exacte du site qu'il voulait consulter. Très vite, les moteurs de recherche ont offert une solution simple et redoutablement efficace pour se retrouver dans cette galaxie d'informations en expansion exponentielle. L'internaute s'est alors retrouvé seul avec ses questions face au cartouche aux lettres colorées sur fond de page blanche d'un moteur de recherche devenu incontournable. Mais trop d'efficacité tue souvent le plaisir : il est bon, en cherchant, d'être surpris par ce que l'on ne cherchait pas.

La pratique d'Internet peut être décrite par ce très joli mot de la langue anglaise, qui perd malheureusement de sa magie poétique dans la nôtre : *serendipity*, sérendipité. Ce mot d'illustre naissance, forgé par l'Anglais francophile Horace Walpole, décrit la façon dont les découvertes se présentent souvent inopinément lorsque l'on cherche tout autre chose. L'efficacité du moteur de recherche est l'ennemie de la *serendipity*. Le vagabondage de lien en lien en est la pratique pure, mais n'écarte aucun chemin sans charme. Il fallait donc des voies balisées, des lignes de sens qui puissent guider le promeneur numérique dans son cheminement. Ainsi, les blogueurs se cooptent et se référencent les uns les autres en introduisant sur leurs pages un lien vers les blogs alliés. Cette pratique permet d'attirer à soi les internautes intéressés par le sujet du blog, ou simplement sa tonalité. L'internaute sait qu'il a une chance certaine d'avoir une surprise au moins aussi grande en cliquant sur le lien d'un blog référencé par un blogueur qu'il apprécie.

Le référencement est une des fonctionnalités de base des sites de partage, où les utilisateurs sont invités à publier leurs préférences, et faire une sélection subjective et personnelle parmi l'immense quantité de contenus stockés sur les serveurs. De clic en clic, le promeneur numérique se déplace dans la sphère de ses centres d'intérêt ; il peut entrer en contact avec les personnes qui les partagent ; il peut compléter sa palette des possibles avec de nouveaux ingrédients, à l'infini.

Internet a cette formidable qualité qu'il n'oppose pas les internautes (les informations sont accessibles à tous) mais permet à chacun de se projeter dans l'environnement culturel et informatif le plus propice à son bien-être ou à son épanouissement. Il montre aussi sa capacité à tisser dans sa matrice de grandes trames sémantiques qui le structurent et le rendent toujours plus propice à la déambulation numérique.

Internet s'organise et se structure sous l'action d'une armée diffuse d'internautes bienveillants. Sa physionomie se transforme, et l'image que nous nous en faisons aussi. S'il est difficile de tenter de décrire les traits les plus saillants d'une évolution aussi multiforme, il est patent que la quantité de documents et d'informations disponible s'est enrichie : qualité de l'image, profondeur des informations, exhaustivité des contenus. L'information s'est structurée, et la capacité de chacun à trouver ce qu'il cherche s'est accrue. Le Web est en train de se cristalliser autour de grandes dorsales qui le traversent et en facilitent le parcours. Même la publicité s'est civilisée. En 2001, au plus fort de la bulle spéculative autour des valeurs de la « nouvelle économie », toute la sphère financière faisait semblant de croire que la plupart des entreprises pourraient vivre de leurs seuls revenus publicitaires ; la manifestation la plus patente de cette croyance collective était le harcèlement publicitaire, aussi brutal qu'inefficace, auquel les internautes étaient soumis : fenêtres publicitaires s'ouvrant de façon intempestive (pop-up), bannières criardes qui empêchent la lecture, détournement vers des sites non sollicités, pourriels (spams) déversés par centaines sur les boîtes aux lettres numériques. Sept ans plus tard, en

2008, l'expérience de l'internaute s'est considérablement améliorée. La plupart de ces sollicitations intempestives ont disparu. Les meilleurs webmails proposent gratuitement des solutions antipourriels très performantes. En parallèle, de discrets liens sponsorisés sont apparus dans la marge des moteurs de recherche et des pages personnelles, proposant un modèle plus efficace et moins tapageur, capable d'agréer à tous.

Internet a conservé toutes ses caractéristiques initiales : c'est un média de communication et de divertissement. Plusieurs d'entre elles se sont renforcées et développées. La structuration de l'information et des sources en a fait un véritable outil d'apprentissage où l'esprit curieux peut vaquer des heures de la façon la plus profitable. C'est un média de partage, où chacun est invité à donner ce qui lui semble compléter au mieux l'offre de contenus. La structuration dont nous avons évoqué quelques traits reconfigure Internet comme un véritable outil d'apprentissage et d'acquisition de la connaissance.

Détecteur de talent

Grâce à Internet, chacun peut mettre à la disposition de tous ce qui lui semble être le plus digne d'être partagé. Pour des millions d'adolescents, ce sont aujourd'hui les vidéos de leurs frasques estudiantines. Pour quelques centaines de milliers d'apprentis musiciens, ce seront les résultats d'enregistrements réalisés au fond d'un garage.

Internet réduit à néant le coût d'inscription à la course à la notoriété. Avec un peu de chance, l'enregistrement déposé sera diffusé par mail de spectateur en spectateur par un bouche-à-oreille viral : une poignée d'entre eux connaîtront le quart d'heure de gloire qu'avait prophétisé Andy Warhol. Plusieurs inconnus ont ainsi accédé à une notoriété instantanée, mondiale et le plus souvent éphémère, grâce aux sites de partage de vidéos. On a souvent porté un regard critique, ou, au mieux, résigné, sur ces vidéos d'amateurs, qui après avoir été visionnées par des millions d'internautes sur des écrans d'ordinateur finissent inexorablement par s'inviter sur l'écran cathodique. Est-il pertinent de juger de la qualité de ces vidéos ? Aujourd'hui, elles proviennent de jeunes adolescents ; ces images leur ressemblent : ironiques, fascinées par les médias, mues par une inextinguible envie de jouer, avides de reconnaissance sociale.

En matière de détection de talents, Internet ne permet pas uniquement d'assurer l'émergence de chanteurs, d'acteurs ou de comiques. Internet permet de partager tout ce qui est considéré comme pertinent. En même temps qu'un million d'adolescents farceurs déposent les captations (sensiblement identiques) de leurs réunions festives, un authentique génie déposera une contribution majeure pour l'histoire des idées. Ceci pourrait n'être qu'une prophétie optimiste, mais quelques histoires du Net peuvent étayer cette conviction.

En novembre 2007, Garrett Lisi dépose sur le site arXiv un article de 31 pages intitulé « An Exceptionally Simple Theory of Everything » (Une théorie du tout exceptionnellement simple). La « théorie du tout » que propose Garrett Lisi vise à unifier deux branches de la physique à ce jour non miscibles : la physique relativiste et la mécanique quantique. Cette énigme a usé la patience de dizaines de milliers de physiciens de la plus haute volée au cours du dernier siècle.

Qui est Garrett Lisi ? En novembre 2007 personne ne le sait vraiment. Lorsque l'emballement médiatique s'est déclenché, quelques investigations furent nécessaires. On apprit donc qu'il vivait à Hawaii et qu'il pratiquait intensément le surf. Qu'il était accessoirement titulaire d'un PhD de physique de l'université de San Diego, mais n'avait jamais pratiqué la recherche dans un grand établissement.

A ce jour, aucun des travaux menés pour confirmer ou invalider cette « théorie du tout » n'a pu statuer durablement sur la qualité de ses travaux, qui comptent autant de thuriféraires que de sceptiques. Il n'est donc pas impossible que la photographie de Garrett Lisi empoignant sa planche de surf jouxte un jour celle d'Einstein tirant la langue dans les manuels d'histoire des sciences. Ce sera à la communauté scientifique d'en décider.

Mais quel que soit le statut (génie ou imposteur[1] ?) que la postérité lui accordera, l'exemple de Garrett Lisi démontre l'une des forces d'Internet : un simple particulier peut désormais infléchir le cours des travaux des scientifiques, parce qu'il peut s'inviter dans un débat autrefois réservé à une petite communauté, en contournant grâce à Internet les circuits traditionnels de sélection.

Le site arXiv est une plate-forme communautaire d'articles scientifiques, où les chercheurs peuvent poster leurs articles en cours d'élaboration, avant publication, donc avant d'être validés par un comité de lecture. Elle est ouverte à toutes les contributions, qui sont modérées et permettent aux chercheurs de recueillir l'avis de leurs pairs. Depuis plusieurs années, cette plate-forme a mis en lecture ouverte sur Internet tous les articles stockés. Les articles en cours d'élaboration peuvent donc être vus et enrichis par tout scientifique

---

1. Les blogs disent : « Brice de Nice ou Einstein moderne ? »

65

avant d'être validés par un comité de lecture et agrégés au corpus de la connaissance.

Mieux entreprendre sa vie

Cet exemple trouve son écho dans un million d'autres vies, anonymes ou non, pour lesquelles Internet a servi de déclencheur de décisions ou d'actions que la routine et la réalité palpable peinaient à provoquer.

L'aspect le plus déstabilisant et le plus stimulant à la fois d'Internet tient peut-être en ceci qu'il met à la disposition de chacun une palette infinie de moyens pour entreprendre sa vie. Internet donne accès à toute la connaissance que l'esprit le plus avide de savoir puisse convoiter. Internet dispense une quantité d'informations sur les sujets les plus divers, des plus futiles aux plus sérieux. Internet invite à rencontrer des millions de personnes disposées à échanger et qui pourront devenir un partenaire de vie ou un associé en affaires, ou simplement un ami que vous ne rencontrerez jamais mais qui vous demandera de temps en temps de vos nouvelles.

Le discours général réduit bien trop souvent et très improprement Internet à un nouveau moyen de divertissement de masse. Internet est à la fois média et moyen de communication et il projette l'internaute dans un espace interactif où son avis, ses désirs, ses ambitions déterminent ce qu'il va y trouver. Internet est un miroir de l'âme autant qu'un défi au libre arbitre : un simple clic peut vous porter sur la une d'un grand quotidien d'actualité ou sur un site de commérages sans consistance ; un simple clic peut ouvrir la porte du Grand Louvre pour admirer la *Vénus* de Praxitèle, ou mener sur un site pornographique.

Le spectateur devient donc acteur. Il ne se contente plus de consulter le programme que les chaînes de télévision et de radio généralistes ont bâti pour lui. Grâce à Internet, il devient son propre rédacteur en chef, concoctant à la fois le menu et l'heure à laquelle il veut le savourer. Le *on demand*, sur-mesure moderne du contenu et des horaires, va bouleverser le monde des médias et transformer le statut du « téléspectateur ».

Un monde à la carte

Prenons l'exemple d'un amateur d'opéra. L'offre de contenus de la Toile est cumulative : ce qui y est déposé y est rarement détruit et demeure accessible à n'importe quel moment. Notre amateur d'opéra, en allumant son ordinateur, se retrouvera devant la plus prodigieuse base de données sur l'opéra qu'il puisse rêver de consulter. Il y trouvera, de site en site et avec un peu de patience, de quoi approfondir sa connaissance, apprécier quelques fragments de représentations, aiguiser son désir de retrouver la salle de concert. Il pourrait vaquer durant des années, porté par la même *serendipity* opératique, sans épuiser toutes les ressources qu'Internet recèle aujourd'hui, et ne cesse d'enrichir.

Tous les contenus diffusés sur Internet échappent à la logique de diffusion à laquelle ils étaient soumis sur les médias traditionnels (télévision, radio). Déposés sur des serveurs, ils se tiennent à la disposition de l'internaute qui souhaitera les consulter à sa guise.

En basculant dans tous les pays du monde vers la diffusion numérique, la télévision et la radio vont assurer la numérisation de tous leurs catalogues et créer un ensemble de contenus qui seront directement transmissibles sur la Toile. Les contenus aujourd'hui consommés sur l'écran d'ordinateur seront disponibles demain sur l'écran du téléviseur (comme sur tous les autres) en toute légalité. L'expérience de la télévision en sera complètement transformée : les programmes proposés « à la demande » libèrent les spectateurs du diktat de la diffusion ; chacun peut dès lors aller vers les contenus qui lui conviennent.

Internet établit ses propres règles

Internet est le média le plus libre qui ait jamais vu le jour. Les internautes sont attachés à cette liberté, et sont particulièrement vigilants à ce que les règles qui régissent Internet ne l'hypothèquent pas. Toutefois, cette liberté ne peut pas se passer de garde-fous : Internet n'échappe pas à la loi. Les internautes sont aussi des citoyens, responsables de leurs paroles et de leurs actes sur la Toile tout autant qu'en dehors.

Les acteurs d'Internet ont montré une véritable réactivité pour résoudre les problèmes qui se posaient à eux. Le plus souvent, la solution repose sur les internautes eux-mêmes : Internet est propice à l'autorégulation.

Ainsi, les sites d'enchères[1] et d'échange organiseront la notation des vendeurs par les utilisateurs : de façon itérative, la confiance s'établit, les vendeurs sont collectivement amenés à plus

____

1. Tels eBay ou PriceMinister.

de responsabilité, les acheteurs à plus d'exigence, Internet se civilise.

Un autre exemple est donné par les sites de partage de vidéos. Pour faire face à l'afflux de contenus offensants qui n'ont pas manqué d'être déposés en masse dès les premiers moments, les sites de partage ont donné aux utilisateurs les moyens de signaler les vidéos qui leur paraissaient choquantes. Ces vidéos sont ensuite visualisées par le personnel du site et, si nécessaire, elles sont mises en quarantaine et supprimées des serveurs. La plupart des contenus violents ou choquants sont ainsi expurgés de ces sites largement utilisés par les enfants et les adolescents.

Internet semble suivre la ligne directrice suivante : ce que la technologie peut défaire, la technologie peut réparer. Un exemple intéressant concerne le respect du droit d'auteur sur Internet. Les sites de partage de vidéos se sont naturellement fait les pourvoyeurs de contenus sous droits, postés par des internautes désireux de partager librement (mais illégalement) des moments de musique, de télévision ou de cinéma. Les différends entre les détenteurs de droits et les nouveaux médias de partage ont été portés devant les tribunaux. Aujourd'hui, les conflits semblent s'apaiser depuis que les sites de partage de vidéos ont développé des solutions de filtrage automatique des vidéos sous droits reposant sur les technologies d'empreintes [1]. On peut ainsi protéger les contenus qui sont repérés dès leur dépôt sur les serveurs, empêchant leur prolifération sans accord explicite du titulaire des droits. On peut aussi, grâce à ces mêmes technologies, entreprendre un nouveau mode d'exploitation de ces contenus, reposant sur un partage des revenus publicitaires : l'aiguillon de l'autorégulation demeure le plus souvent la perspective de faire des affaires.

Il faut donc être très prudent, lorsque l'on parle des maux amenés par Internet : un regard rétrospectif montre que la plupart des problèmes suscités se sont résorbés d'eux-mêmes, en plaçant l'internaute au cœur du dispositif de contrôle. L'autorégulation constitue une démarche positive et pragmatique par laquelle les acteurs formalisent les usages du réseau en conformité avec le droit.

L'Etat moderne doit donc avoir dans sa relation avec les acteurs d'Internet le même rapport que celui qu'il entretient avec les partenaires sociaux lorsqu'il cherche à promouvoir le dialogue social : favoriser la concertation et la négociation, n'intervenir *a priori* que pour fixer le cadre général (pour Internet : le respect des

---

1. On peut citer à ce propos le partenariat technologique tissé entre l'Ina et Dailymotion.

libertés fondamentales) et *a posteriori* en cas de carence.

Né de la liberté, Internet doit conserver toute la force et la saveur de la liberté. Mais cette liberté doit être régulée. L'autorégulation des acteurs du Web apparaît la plus cohérente et la plus efficace. Elle doit donc être encouragée. La loi, outil délicat à utiliser face à une Toile à la fois fragile, créative, flexible et adaptable, ne doit être utilisée qu'en dernier ressort, lorsque l'essentiel (la sécurité, les libertés publiques) est en jeu.

4

Internet et la démocratie : un projet politique

INTERNET informe, Internet relie, Internet convertit par millions les humains à ses règles nouvelles. Ce surgissement recèle un projet politique. Serait-il en voie de nous échapper ? Serait-il de nature, au contraire, à canaliser l'énergie des masses pour lui donner une forme nouvelle et un rôle dans le débat public ? Internet est peu propice aux intermédiaires : sera-t-il néfaste à la sphère politique, aux hommes et aux femmes politiques, médiateurs de la décision publique ? Les dernières élections, dans tous les pays où Internet est prégnant, ont montré que les campagnes ne peuvent plus ignorer ces nouveaux modes de communication.

Internet a bâti une agora aux dimensions de la planète, où l'information est partagée de façon synchrone pour être commentée dans l'instant. La rapidité des modes de propagation ouvre bien entendu la voie à toutes les falsifications, à tous les détournements. Encore aujourd'hui les informations diffusées de façon virale sur la Toile ne permettent pas de réel droit de réponse à ceux qui en sont les objets et parfois les victimes. La Toile restera-t-elle, face à l'actualité politique, une simple caisse de résonance aux rumeurs propres à l'enflammer ? Il est souhaitable qu'Internet collaboratif adapte les méthodes de classement et d'indexation au traitement de l'information la plus brûlante.

Internet peut devenir un outil précieux d'échange entre gouvernants et gouvernés, favorisant l'avènement d'une République numérique constituée de citoyens informés et désireux de participer à la vie de la cité. Aux pouvoirs publics de s'adapter pour que l'échange préalable aux projets, la concertation *a priori* puis l'évaluation *a posteriori* tirent parti de la flexibilité et la réactivité des internautes. Aux sites collaboratifs, aux blogueurs de trouver les moyens d'une modération intelligente de commentaires qui trop souvent charrient la bêtise et l'intolérance favorisées par l'anonymat. Les internautes eux-mêmes sont conscients des dérives de certains commentaires qui accompagnent les articles du Net ; invités à les noter, leur jugement est souvent lucide et sévère…

Élections 2.0

Un bref retour en arrière montre combien, dans les dernières années, Internet a pris une part croissante sur la scène politique. Depuis le mail, chacun était muni d'un moyen gratuit de communiquer massivement, d'alerter, de signaler une source d'information pour la partager largement. Les forums ont offert des pages libres aux commentaires des internautes, qui y entretiennent des débats autour de thématiques spécialisées. Ces outils véhiculaient de l'information écrite ou des images fixes et s'adressaient en priorité à des internautes motivés.

L'émergence des sites de partage de vidéos a profondément modifié la nature des échanges, en créant un pont vers le média télévisuel, plus propice à toucher un large nombre. D'un côté, des moments de télévision sont déposés sur ces sites de partage et entrent dans une logique de consultation à la demande : ils peuvent être vus par quiconque, à n'importe quel moment. Ils peuvent être intégrés par des blogs qui les véhiculent de façon virale aux internautes. De l'autre côté, toute vidéo dont la popularité enfle singulièrement sur la Toile, ne peut plus être ignorée par les journalistes des médias traditionnels : les vidéos en basse qualité, propres à Internet, s'invitent désormais sur l'écran cathodique, qui leur donne par ce truchement le statut d'information majeure.

On a pu constater les dangers liés à ce double mouvement. Les médias, pourtant inquiets d'être débordés et contournés, montrent toutefois un certain appétit pour ces pastilles à forte charge visuelle, qui mettent en difficulté les personnalités publiques : ces sources s'invitent sur les médias « sérieux » sans vérification possible, mais agissent sur les esprits comme une information dûment vérifiée. Dans des périodes de tension et de questionnement comme le sont les campagnes électorales, on perçoit tout l'impact que peuvent avoir ces vidéos.

Les hommes et les femmes politiques se sont donc emparés de ces nouveaux médias. En 2007, les campagnes de Nicolas Sarkozy et de Ségolène Royal ont montré une grande maîtrise de la communication par Internet : sites de campagne sans cesse enrichis, vidéos tournées par les militants, argumentaires détaillés, réactions à chaud à l'actualité, débats organisés autour des thèmes clés, l'activité de ces organes de communication a été traitée avec autant d'attention que les discours des candidats, et a été souvent utilisée dans les rapports de presse et les journaux télévisés.

La campagne présidentielle américaine de 2008 est allée encore plus loin dans la maîtrise des nouvelles technologies de l'information. Les vidéos satiriques lancées sur la Toile (par des partisans plutôt que par les partis eux-mêmes) ont maintenu des mois durant une excitation vivace autour des thèmes de campagne et de la personnalité des candidats. Barack Obama a réussi à faire de sa plate-forme web un pilier de sa notoriété, et à transformer l'incroyable popularité de ses sites en machine à lever des financements : le Web s'est révélé être un des contributeurs les plus efficaces et les moins onéreux en termes de *fundraising*.

Internet, cheval de Troie de la démocratie

Internet s'invite aussi dans les pays les moins enclins à laisser leur population communiquer librement, parce qu'il catalyse l'activité économique et la création de richesses. La posture des Etats soucieux de maintenir un contrôle étroit des individus est de se doter d'une impressionnante machinerie électronique, visant à filtrer l'accès aux sites étrangers, à scruter les messages allant et venant sur la Toile et analyser systématiquement toute prise de parole sur les sites d'expression. La démarche est aussi lourde que coûteuse. Des Etats comme Singapour ou la Chine souhaitent encore aujourd'hui exercer une vigilance accrue sur les prises de parole. Mais la censure paraît, à terme, condamnée à être débordée. En Chine, deux cents millions d'internautes ont désormais investi Internet et plébiscitent les sites de socialisation. S'il n'est pas à ce jour un lieu de contestation du pouvoir central, Internet a permis plusieurs fois de dénoncer les abus des pouvoirs locaux (abus policiers, corruption). Le numéro un chinois lui-même, Hu Jintao, a déclaré récemment se rendre sur Internet pour « comprendre les problèmes des internautes » et pour « connaître leur opinion sur le travail du parti et du gouvernement », preuve qu'en matière d'Internet un point de non-retour a été franchi en Chine.

Internet n'aime rien tant que la démocratie la plus absolue. Il aide à son avènement dans les Républiques qui s'en prévalent abusivement, comme dans les régimes qui la redoutent. De part et d'autre, le processus est le même : éveiller les consciences par l'accès à la connaissance et à l'information, relier les individus et leur révéler tout ce qu'ils peuvent partager, préparer les masses à concevoir un discours construit et les inviter à dialoguer avec le pouvoir en place. Insidieusement, Internet prépare le monde à un stade nouveau de la vie en communauté et du partage des pouvoirs.

Internet, un diable lancé dans la machine politique ?

A de nombreuses reprises nous avons pu constater qu'Internet opérait deux types de transformations. D'une part il réduit le nombre d'intermédiaires et de l'autre il redistribue l'influence et le pouvoir de décision en faveur des plus faibles. C'est dans le domaine économique que ce phénomène a donné le plus grand nombre d'applications. Nous pourrions nous risquer à un parallèle dans la sphère politique : nous avons pu constater à plusieurs reprises qu'Internet distribue l'information, prise au sens le plus large, selon ces deux grands principes.

Tout média façonne son public selon les caractéristiques qui lui sont propres. Ainsi l'internaute diffère sensiblement du téléspectateur ou du lecteur de presse. L'interactivité de la navigation sur Internet a fait de l'internaute, dès le départ, un acteur autant qu'un récepteur de l'information. Il peut réagir dans l'instant, vérifier ce qui lui semble peu clair ou douteux. Il peut alerter ou consulter sa communauté. Très souvent, il lui est donné la possibilité de commenter l'information là même où elle est présentée. Il peut trouver les moyens de prolonger son action en dehors de la Toile. Internet a fonctionné comme une gigantesque zone franche où des outils de communication de plus en plus perfectionnés étaient donnés gratuitement à tous ceux qui voulaient s'en servir. D'année en année, ils se sont informés, et ont appris à se retrouver, à se regrouper selon leurs affinités. La plupart des thématiques les plus populaires concernent aujourd'hui des hobbies et des thématiques destinés aux adolescents. Mais les outils et les structures ainsi développés ne se limiteront pas à commenter le dernier film à la mode ou retrouver ses amis de collège. On sent confusément que tout cela peut devenir en quelques étapes un formidable instrument au service du débat public.

Pour l'heure, si Internet a commencé à ébranler la pratique de la politique c'est souvent en relayant des déclarations données en *off*, ou captées à l'insu des personnes.

Nous avons tous, hommes politiques et acteurs des médias, été fortement dérangés par ces nouvelles incursions venues du ténébreux anonymat de la Toile : les hommes et les femmes politiques, parce que leur parole était en quelque sorte volée, et que les premiers exemples ont donné lieu à plus de désinformation que de débat ; les hommes et les femmes de médias, parce qu'ils sentaient que l'information pouvait désormais s'initier et se façonner en dehors de leur influence et sans la modération d'un journaliste.

Toutefois, elles préfigurent un nouveau rapport à l'information et plusieurs conjectures peuvent être tirées du traitement des informations politiques sur Internet.

En premier lieu, toutes les personnalités publiques verront stocker et analyser leurs prises de position sur la Toile, qui seront à tout moment consultables. Toute personne dont la vocation est le service de la *res publica* devra donc être encore plus prudente que par le passé quant aux conséquences de ses actes et de ses paroles, en public ou en privé. L'étau déjà posé par les médias traditionnels se resserre un peu plus : un propos privé peut être aujourd'hui capté, recoupé, déformé, instrumentalisé par toute personne munie d'un téléphone portable ou d'une caméra numérique.

Il s'agit là à la fois d'un risque et d'une opportunité : risque de voir les talents se détourner de carrières politiques d'ores et déjà contraignantes et désormais encore plus observées et disséquées ; opportunité obligeant chacun à la cohérence de ses engagements et à expliquer et justifier le pourquoi de ses changements d'analyse, de diagnostic et de propositions. Internet va modifier profondément le rapport des citoyens à la politique. Ils exigeront davantage d'information et de concertation.

Les analyses des internautes, leurs enquêtes, leurs investigations dites collaboratives exigeront des élus une action plus transparente et intégrant la nécessité de l'évaluation permanente des politiques publiques.

Mais ne nous leurrons pas. La communauté des internautes est certes dotée d'une « intelligence collective » qu'il s'agit d'utiliser. L'échange, la concertation, la proposition inachevée améliorée par les internautes sont autant d'opportunités à exploiter. Mais il serait vain – voire purement démagogique – de prétendre fabriquer un projet politique en vue d'une élection majeure (par exemple l'élection présidentielle en France) sur la base d'un « wiki collaboratif ». Les politiques doivent rester des catalyseurs, des éclaireurs, proposer des synthèses, ouvrir le champ des possibles, rendre cohérente et compatible l'agrégation de propositions.

En clair : avec ou sans Internet, on continuera à attendre du politique qu'il apporte des propositions et des réponses à des questions. Et non qu'il se contente de prétendre demander à la sagesse collective connectée de lui fournir à la fois les questions (« Quels sont vos problèmes ? ») et les réponses (« Vous portez en vous la réponse à vos problèmes »). A bien des égards, Internet doit donc être utilisé pour ce qu'il doit rester. Un aiguillon démocratique. Un contre-pouvoir. Une source alternative de création d'information.

L'exemple d'AgoraVox est, de ce point de vue, très intéressant. Les informations des internautes affluent sous la forme d'articles de réaction à l'information ou de journalisme d'investigation. Les articles soumis sont édités après lecture et approbation par un comité de lecture composé d'internautes qui se cooptent. Lorsqu'un litige ou un doute survient, le comité peut en référer à un comité supérieur, qui décidera en dernier lieu s'il convient de publier l'article. AgoraVox entend construire un « média citoyen », ouvert à toutes les prises de parole, et revendiquant une qualité éditoriale digne d'un média traditionnel.

A chacun de juger du contenu, souvent inégal, alternant articles bien documentés, prises de position à l'ironie justement dosée et règlements de compte à peine masqués.

Mais AgoraVox aura prouvé que des internautes organisés peuvent – à eux seuls – créer un média crédible et stimulant.

Tout ce qui peut être écrit aujourd'hui sur Internet n'a un impact réel sur la marche du monde que si les informations sont reprises par les médias dominants : la presse écrite, la radio et la télévision. Internet continuera d'accroître son influence : il est souhaitable que ce média issu de toutes les composantes de la société, médias, gouvernement, associations, entreprises et surtout de tous les particuliers, soit par excellence le média de l'échange, du débat, et de la recherche de la vérité.

Tout comme aujourd'hui on se connecte pour trouver une définition ou une image, demain le même réflexe nous poussera à vérifier toute information reçue.

L'agora numérique

Internet est un projet politique car il perturbe, il déconstruit et reconfigure, il stimule le rapport de chacun avec le pouvoir en place. Internet est un espace de liberté ouvert à toute prise de parole. Le débat y est promu, et la modération des extrêmes s'organise progressivement. Chacun peut monter sur une caisse à savon numérique, et donner de la voix pour dire ce qui lui tient à cœur. Les passants prêtent l'oreille, demeurent, ou s'en vont. Les premiers moments d'une démocratie ressemblent à cela : une parole libérée, un marché aux idées où le peuple se déplace et choisit qui il veut écouter. C'est ce qu'ai déjà eu l'occasion d'appeler l'« agora numérique ».

L'agora numérique est amenée à prendre dans le monde contemporain une place de plus en plus centrale.

J'y vois une formidable opportunité pour toute la sphère politique. Elle se doit d'entretenir une vision de l'état de l'opinion conforme à la réalité. Les rencontres militantes, les débats publics permettent un contact avec la société civile, mais filtrent nécessairement les questions auxquelles un homme ou une femme politique est soumis. Les études, les statistiques sont, pour les partis ou les organismes qui peuvent les financer, une source primordiale d'information pour construire une vision de l'opinion dynamique et objective, et concevoir un programme en toute connaissance de cause. L'instrument demeure toutefois imparfait : la réponse donnée correspond à la question qui est posée, et celle-ci est toujours involontairement biaisée par celui qui la pose. Le vote, ou le soutien à un programme politique, repose sur des rouages psychologiques complexes qui ne peuvent pas être déduits simplement de questions qui n'attendent que « oui, non, ou peut-être » comme réponse.

Dans un monde idéal, il faudrait pouvoir entreprendre un dialogue de fond avec les citoyens, quelles que soient leur condition sociale, leur opinion politique, leur volonté d'aller voter, pour sonder les attentes les plus profondes de la population. On s'éloigne bien sûr de l'outil statistique, et on enfourche des moyens moins scientifiques, quoique argumentés, pour décrire un moment de l'âme collective.

Aujourd'hui le pouvoir politique a déjà commencé à systématiser son écoute des prises de position sur la Toile. Il est nécessaire de prendre connaissance et de recueillir cette information, qui n'est toutefois pas encore véritablement exploitable : les prises de position sont redondantes, et rares sont celles qui étayent un raisonnement ; on relève donc plus de « coups de gueule » citoyens, que de véritables contributions.

Les citoyens sont soumis à de plus en plus d'informations, qui exigent d'eux un recul, une hauteur de vues qui souvent les accable. La solitude qu'induit la contemplation du monde, des injustices, des bouleversements brutaux, des règles de partage difficiles à accepter, provoque une insondable solitude. Beaucoup de nos contemporains ont sombré dans un abattement citoyen. « Tous pareils », « La politique, je n'y comprends rien »… appel à l'aide de citoyens pour lesquels nous n'avons pas été assez pédagogues… « Qui m'écoute ? Quoi que je dise, cela ne changera rien »… le citoyen qui proteste est seul, et ne devient puissant qu'en s'alliant à ceux qui partagent ses convictions.

Et si ce nouvel Internet, cet Internet balisé, tenu comme un jardin par les internautes eux-mêmes, si ce nouvel Internet était la pièce manquante, l'instrument de dialogue à mettre au point pour réconcilier le peuple et le pouvoir ? Capable d'apaiser l'impatience irritée vis-à-vis de toute action publique ? de sortir d'un monde régi par les statistiques et peu respectueux des raisonnements ? La puissance pédagogique d'Internet surpasse celle de la plupart des autres médias, et pourrait donner toutes les informations nécessaires à la compréhension de la décision publique. Internet peut devenir le lieu du débat public que les élus doivent entretenir au quotidien avec les citoyens. Internet peut aider la *vox populi* à se condenser en autant de voix homogènes, autant de visions du monde que les citoyens voudront voir s'élever. Internet peut aider chaque citoyen à se sentir entendu et à être représenté.

e-citoyen

Un projet de plate-forme citoyenne a retenu toute mon attention ces derniers mois. Ce projet se nomme Socracy[1]. Il a été développé par Olivier Hersent, jeune entrepreneur de l'Internet français, qui a servi d'initiateur et de mécène à ce service qui, comme Wikipédia, n'est pas conçu au départ pour créer de la valeur économique. Socracy souhaite accueillir les débats relatifs à l'actualité politique et aux grands débats de fond, en donnant un moyen aux *think tanks*, aux citoyens, aux partis politiques aussi, de pouvoir exprimer en parallèle leur position relativement à un même fait politique (décision, programme, loi, etc.). Socracy est ouvert à tout internaute citoyen qui désire participer au débat ; il peut le faire sans avoir d'affiliation spécifique ; il peut, s'il le souhaite, se réclamer d'une famille politique, ou d'un groupe de réflexion ; s'il ne se reconnaît dans aucune famille existante, mais qu'il rencontre des pairs avec qui il se trouve de véritables affinités, ils peuvent ensemble créer un groupe qui leur donnera plus de visibilité. Socracy invite chacun à commenter les faits politiques. Les règles de fonctionnement de Socracy sont conçues pour que l'internaute citoyen soit encouragé à soutenir les positions qui sont conformes aux siennes, quitte à préciser quelques nuances, et soit dissuadé de s'opposer frontalement aux positions qui lui sont contraires. Ces

---

1. Le site de Socracy évoque un « parlement virtuel » et invite à « être prêt » pour son lancement en janvier 2009.

règles ont de nombreuses vertus : elles évitent les commentaires redondants ; elles promeuvent la libre expression ; elles favorisent l'association, plutôt que l'opposition, et aident à faire émerger les positions dominantes. Le résultat d'un débat mené selon cette démarche dialectique n'est pas un consensus : c'est un débat problématisé de façon claire et accessible à tous, et proposant pour chaque sujet un ensemble de postures possibles, reposant sur des hypothèses identifiées, et confrontant leurs mérites respectifs. Socracy est à l'heure actuelle un prototype que je compte utiliser dans le cadre de l'exercice de prospective « France 2025 »[1].

---

1. Informations sur « France 2025 » sur www.prospective.gouv.fr.

IL Y A QUELQUES SIÈCLES, lorsque les hommes d'esprit souhaitaient proposer des règles nouvelles à leurs contemporains, ils inventaient une île lointaine, peuplée d'hommes pas si différents de leurs contemporains, mais régis par des lois qui transformaient leur quotidien et les rendaient meilleurs.

Ces mondes rêvés, ces utopies, ont aidé le monde, sous la plume de Thomas More, de Charles Fourier ou de tant d'autres, à concevoir et à apprivoiser la liberté dont nous jouissons aujourd'hui.

Aujourd'hui, aucune œuvre ne va aussi loin qu'Internet dans la préfiguration des normes qui régiront le monde futur : œuvre écrite à des millions de mains, règles conçues et décidées par une assemblée d'anonymes, monde virtuel ancré dans la réalité et dans le quotidien, comme un pont tendu vers le futur et solidement arrimé au présent. Internet, si familier soit-il, est pour celui qui le contemple une énigme et un défi pour tous ceux qui s'occupent de la chose publique. Il nourrit les initiatives individuelles et aide à édifier les citoyens de demain ; il enrichit le terreau des économies qui lui laissent toute sa liberté ; il prépare les démocraties à un dialogue renouvelé entre tous les citoyens de la cité.

Il est temps que la France, terre où se sont rêvées les sciences autant que la démocratie, succombe enfin à l'enthousiasme des grands commencements et devienne la nation numérique, libérale, sociale et démocratique, qui prolongera dans les nouveaux espaces que ces réseaux bâtissent, le projet qu'elle porte pour le monde et pour elle-même depuis de nombreux siècles.

Internet, e-topie libérale et solidaire, murmure à qui veut l'entendre que la liberté ne doit pas être crainte : liberté dans les échanges économiques, liberté d'accéder à l'information, liberté de s'opposer ou de soutenir[1], liberté de bâtir, liberté de se construire. La liberté portée par la révolution numérique est propice aux plus faibles. C'est l'une des raisons pour lesquelles nous devons l'affirmer et la promouvoir.

---

1. ... et liberté de critiquer ce livre... Faites-le sur www.ericbesson.fr.

TABLE

Dans la même collection